**Bibliografische Information der Deutschen Nationalbibliothek:**

Die Deutsche Bibliothek verzeichnet diese Publikation in der Deutschen National-
bibliografie; detaillierte bibliografische Daten sind im Internet über http://dnb.d-
nb.de/ abrufbar.

**Impressum:**

Copyright © 2019 GRIN Verlag
Druck und Bindung: Books on Demand GmbH, Norderstedt Germany
ISBN: 9783668924130

**Dieses Buch bei GRIN:**

https://www.grin.com/document/463777

Luis Marques

# Ubiquitäres Computing. Künstliche Intelligenz und die Auswirkungen neuer Endgeräte auf unseren Alltag

GRIN Verlag

**GRIN - Your knowledge has value**

Der GRIN Verlag publiziert seit 1998 wissenschaftliche Arbeiten von Studenten, Hochschullehrern und anderen Akademikern als eBook und gedrucktes Buch. Die Verlagswebsite www.grin.com ist die ideale Plattform zur Veröffentlichung von Hausarbeiten, Abschlussarbeiten, wissenschaftlichen Aufsätzen, Dissertationen und Fachbüchern.

**Besuchen Sie uns im Internet:**

http://www.grin.com/

http://www.facebook.com/grincom

http://www.twitter.com/grin_com

# Hochschule
# für Ökonomie & Management

Standort Stuttgart

Berufsbegleitender Studiengang:
Bachelor of Science Wirtschaftsinformatik

# KI und die Auswirkungen neuer Endgeräte auf unseren Alltag unter dem Aspekt des ubiquitären Computing

Autor:          Luis Marques

27.02.2019

# Inhaltsverzeichnis

# Abkürzungsverzeichnis

EC ................................................................................................ *Electronic Cash*

IoT ............................................................................................ *Internet of Things*

NFC ...................................................................................... *Near Field Communication*

PC .......................................................................................... *Personal Computer*

TCP/IP ............................................ *Transmission Control Protocol/Internet Protocol*

# 1 Einleitung

## 1.1 Problemstellung

Digitale Technologien und deren rasante Entwicklung führen bereits seit Jahren zu kontinuierlichen Veränderungen sowohl im wirtschaftlichen als auch im gesellschaftlichen Umfeld. Neben fortlaufenden Verbesserungen und Optimierungen von bestehenden Technologien, Anwendungen und Verfahren entstehen zunehmend vollständig neue Lösungen. Geschäftsmodelle der Unternehmen werden dadurch beeinflusst und führen zu einer Veränderung in Bezug auf die Berufsbilder der Mitarbeiter. In Folge der zunehmenden Digitalisierung verändert sich das berufliche als auch das private Leben. Dieser fortlaufende Veränderungsprozess wird als Digitale Transformation bzw. Soziale Transformation bezeichnet.[1] In Deutschland nehmen die Menschen diese Veränderungen am meisten im privaten Leben wahr. Mithilfe der Künstlichen Intelligenz entstehen neue Anwendungen und neue Möglichkeiten der Interaktion zwischen Menschen und Maschinen. Diese neuen Steuerungsmöglichkeiten ermöglichen wiederum die Entwicklung neuer Endgeräte.[2] Intelligente Endgeräte zum Beispiel Digitale Assistenten, die sich per Sprache steuern lassen, finden zunehmend Einzug in privaten Haushalten. Technologien wie autonome Systeme, selbstfahrende Fahrzeuge und Transportdrohnen werden in naher Zukunft in unserem Alltag allgegenwertig und kaum noch wegzudenken sein.[3]

## 1.2 Zielsetzung

Ziel dieser Arbeit ist es darzustellen, wie sich Künstliche Intelligenz und neuere Endgeräte unter dem Aspekt des ubiquitären Computing auf unseren Alltag auswirken.

## 1.3 Vorgehensweise

Kapitel 2 beschreibt den Aspekt des ubiquitären Computing. Weiterführend wird das Themengebiet der Künstlichen Intelligenz in Kapitel 3 erörtert. Daran anschließend werden in Kapitel 4 neuere Endgeräte mit deren Anwendungsmöglichkeiten und Nutzen sowie Auswirkungen konkretisiert, die sich aus der Nutzung der Technologie ergeben, dargestellt.

---

[1] Vgl. *Disselkamp, M./Heinemann, S.*, Digital-Transformation-Management, 2018, S. 1
[2] Vgl. *Kruse Brandão, T./Wolfram, G.*, Digital Connection, 2018, S. 260
[3] Vgl. *Linnhoff-Popien, C.*, Digitalisierung in Zahlen, 2018, S. 46

# 2 Ubiquitous Computing

## 2.1 Begrifflichkeit und Entwicklung

Ubiquität (engl.: Ubiquitous) steht für Allgegenwart und leitet sich vom lateinischen Wort Ubique ab, das für überall steht.[4] Der Begriff, Ubiquitäres Computing (engl.: Ubiquitous Computing), wurde im Jahr 1991 von Mark Weiser gebildet. In seiner Veröffentlichung "The Computer for the 21st Century" beschreibt er mit dem Begriff eine neue Ära der Mensch-Maschine-Interaktion. Durch neue Steuerungsmöglichkeiten sind Rechner, die allgegenwertig in der physischen Umgebung bereitgestellt sind, besser nutzbar. Durch die intuitive Verwendung nimmt der Anwender die Präsenz der Computer nicht mehr bewusst als solche wahr.[5] Ubiquitous Computing stellt eine aus heutiger Sicht vorerst letzte Etappe in einem dreistufigen Entwicklungsprozesses dar. Die erste Phase geht auf die Anfänge der elektronischen Datenverarbeitung in Unternehmen zurück. Eingesetzt wurde ein zentraler Computer, den sich die Anwender teilten. Mainframes sind derartige zentrale Rechner, an denen sich mehrere Benutzer gleichzeitig anmelden können um darauf zu arbeiten. Solche Systeme sind noch heute im Einsatz, jedoch kamen nach 1980 zunehmend die von IBM entwickelten Personal Computer (PC) zum Einsatz. Diese waren günstiger und waren zugleich auch in privaten Haushalten nutzbar. Jedem Anwender stand mit dem PC ein eigener Rechner zur Verfügung, der sowohl zu beruflichen als auch privaten Zwecken genutzt werden konnte. Es entstand eine persönliche Beziehung zwischen Anwender und Computer. Dies stellt die zweite Phase der Entwicklung dar. In der dritten Phase des Ubiquitous Computing steht jedem einzelnen Anwender eine Vielzahl an computergestützten Geräten gleichzeitig zur Verfügung. Die Nutzung von allgegenwertigen und miteinander vernetzten Rechner, die teilweise in Alltagsgegenstände verbaut sind, wird eine dominierende Rolle spielen. Laut Mark Weiser werden die Rechnerkonzepte der ersten zwei Phasen aber nicht vollständig dadurch ersetzt. Aktuelle stattfindende grundlegende Veränderungen in der Mensch-Computer-Beziehung stellt eine Art Übergangsphase dar.[6] Verschiedene technologische Merkmale charakterisieren die Ubiquitous Computing Ära als Ganzes auf die im Folgenden eingegangen wird.

---

[4] Vgl. *Barton, T./Müller, C./Seel, C.*, Mobile Anwendungen in Unternehmen, 2016, S. 10
[5] Vgl. *Krcmar, H.*, Informationsmanagement, 2015, S. 696
[6] Vgl. *Arnold, C.*, Ubiquitärer E-Service für Konsumenten, 2015, S. 17 f.

## 2.2 Charakteristiken

Charakterisiert wird Ubiquitäres Computing durch fünf technologische Merkmale, Verschmelzung, Diversifikation, Vernetzung, Nomadisierung und Kontext, die im Folgenden näher erörtert werden. Verschmelzung: Menschen nehmen Computer nicht mehr als bestimmte Gegenstände in ihrer Umgebung wahr. Alltägliche Objekte sind mit Computertechnik ausgestattet. Solche integrierte Computerchips werden als "Eingebettete Systeme" bezeichnet. Diese dienen zur Steuerung von Sensoren, welche die Umgebung überwachen sowie Aktoren, welche elektrische Impulse in mechanische Energie umwandeln und damit bestimmte Aufgaben ausführen. Durch die Kombination von Chips, Sensoren und Aktoren werden Gegenstände, in denen diese verbaut sind, zu intelligenten Dingen und führen zu einer Verschmelzung der realen Umgebung mit der digitalen Welt. Diversifikation: Rechner werden im ubiquitären Computing nicht als universell verwendbare Geräte eingesetzt. Sie werden eigens zur Erfüllung von dedizierten Funktionen und Aufgaben samt Peripherie konzipiert. Zum Einsatz kommen diese in hybriden Objekten oder in intelligenten Geräten (engl.: Smart Devices). Ein hybrides Objekt ist z.B. ein Kühlschrank, der zunächst einen rein physischen Nutzen hat. Mit der Integration von Computertechnik, wie etwa einer digitalen Kamera im Inneren, wird der Kühlschrank zu einem hybriden Objekt. Smart Phones zählen zu den intelligenten Geräten. Diese dienen in erster Linie zur Kommunikation und Informationsverarbeitung und haben nicht zwangsweise einen physischen Nutzen. Vernetzung: Computer, Geräte und Gegenstände sind als einzelne Objekte über das Internet miteinander verbunden. Die Geräte können dadurch permanent Informationen miteinander austauschen. Dem Anwender ermöglicht es eine gezielte Steuerung einzelner Geräte unabhängig von seinem Aufenthaltsort. Das Merkmal der Nomadisierung wird auch als "Anytime-Anyplace Computing" bezeichnet. Rechenleistung und Informationen stehen den Konsumenten überall und jederzeit zur Verfügung. Unter dem Aspekt des Kontexts wird der Bezug zwischen der digitalen und realen Welt hergestellt. Die aktuelle Situation und Umgebung des Anwenders wird zur Generierung von Handlungsvorschlägen berücksichtigt. Kontextdaten werden aus Sensoren gewonnen und durch Interpretation entsprechend in Aktionen bzw. Reaktionen umgewandelt. Der Umgang zwischen Mensch und Maschine entwickelt sich dadurch zu einer Interaktion und stellt keinen expliziten Dialog dar.[7]

---

[7] Vgl. *Krcmar, H.*, Informationsmanagement, 2015, S. 698 f.

## 2.3 Technische Faktoren

Aktuelle Technische Innovationen fördern zum aktuellen Zeitpunkt die weitere Entwicklung des ubiquitären Computing. Jedoch gibt es ebenfalls limitierende technische Aspekte, die den Fortschritt hemmen. Avanciert wird die allgegenwertige Verbreitung von smarten Objekte durch Verbesserungen der Chips. Prozessoren werden immer kleiner und darüber hinaus leistungsfähiger. Mit der Miniaturisierung steigen die Einsatzszenarien sowie die Anzahl an möglichen Objekten, in denen diese implementierbar sind. Einfache Rechnerelemente, die in eingebettete Systeme verbaut werden, sind üblicherweise in Massen produzierbar und kommen dadurch auf einen geringen Stückpreis. In einem Automobil werden heutzutage bis zu 80 einzelne Prozessoren verbaut. Limitierende Faktoren gibt es mehrere, unter anderem die Energieversorgung. Der Energiebedarf neuerer Mikrochips gemessen auf eine Recheneinheit wird zunehmend geringer. Durch die stetige Leistungssteigerung je Chip steigt der Energieverbrauch ganzheitlich gesehen jedoch an. Fortschritte in der Gewinnung und Speicherung von Energie sind notwendig unter dem Aspekt der Energiewende und Akku-Technologien. Schnelle Datenübertragungsraten und eine flächendeckende sowie leistungsfähige Netzwerkinfrastruktur insbesondere im Mobilfunk sind essentiell für das ubiquitäre Computing. Der Breitbandausbau schreitet in Deutschland voran, jedoch ist in manchen Regionen noch keine ausreichende Abdeckung vorhanden. Bei der Standardisierung von Kommunikationswege sowie einheitliche Schnittstellen für den herstellerübergreifenden Datenaustausch zwischen den Geräten gibt es zum gegenwertigen Zeitpunkt noch keinen einheitlichen Standard. Weitere technische Treiber stellen auch neue Materialien dar. Beispielsweise Textilmaterialien, in denen sich Chips einflechten lassen, und dadurch als Ein- und Ausgabegeräte fungieren. Die Weiterentwicklung in der Sensorik und Aktorik stellt ein wichtiges Kriterium dar. Intelligente Geräte und Objekte erfassen mithilfe von Sensoren Daten aus der Umgebung. Beispielsweise Lichtintensität, Luftdruck, Temperatur, Herzfrequenz, Geschwindigkeit oder Beschleunigung. Diese Informationen sind zur Berechnung von situativen Vorschlägen notwendig wie auch zur Steuerung der Aktoren welche die Ausführung von Aktionen übernehmen.[8] Verarbeitet werden die Datenmengen, die sich aus den unterschiedlichen Sensoren ergeben, durch intelligente Algorithmen mit denen sich das folgende Kapitel beschäftigt.

---

[8] Vgl. *Krcmar, H.*, Informationsmanagement, 2015, S. 700 f.

# 3 Künstliche Intelligenz (KI)

## 3.1 Ursprung und Definition

Der britische Logiker und Mathematiker A. M. Turing (1912-1954) veröffentlichte im Jahre 1950 einen Aufsatz mit dem Titel "Computing Machinery and Intelligence". Diese Veröffentlichung gilt als Auftakt der Forschung mit der KI. Eine Maschine, die über KI verfügt, ist laut Turing dann gegeben, wenn ein Anwender keinen Unterschied beim Kommunizieren mit einer Maschine im Vergleich zu der eines anderen Menschen mehr wahrnehmen kann. Er war davon überzeugt, dass bis zum Ende des 20. Jahrhunderts die Rede von denkenden Maschinen sei.[9] In den darauf folgenden Jahren teilte sich die Forschung in unterschiedlichen Ansätzen auf. Grundsätzlich wird zwischen den zwei Ausprägungen, starke und schwache KI, differenziert. Motivation der starken KI ist es, Vorgänge des menschlichen Gehirns derart abzubilden, so dass Maschinen universelle Fähigkeiten aufweisen und aus eigenem Antrieb heraus handeln. Die Entwicklung einer solchen Intelligenz durch Rechnern ist bis heute noch nicht gelungen. Schwache KI hingegen verfolgt das Ziel, bestimmte abgegrenzte Problemstellungen durch Algorithmen zu lösen.[10] Konkrete menschliche Aufgaben und Problemlösungen werden bereits mit Hilfe hochkomplexer Algorithmen von Maschinen übernommen. Solche Programme finden und extrahieren aus einer Vielzahl digitaler Daten kontextbezogene Zusammenhänge. Gleichzeitig bewerten sie automatisch die Relevanz einzelner Merkmale in den Datensätzen. Aus diesen Vorgängen der Datenverarbeitung entstehen für den Computer aus erkannten Mustern und Lösungen der sachbezogenen Analyse Erkenntnisse. Wie der Mensch nutzt der Algorithmus das erarbeitete Wissen zur Optimierung der darauffolgenden Verarbeitungsschritte. Diese Art der KI wird als maschinelles Lernen (engl.: Machine Learning) bezeichnet.[11] Heutige KI-Entwicklungen haben den Fokus auf dem ML-Ansatz.[12] Eine allgemein anerkannte Definition von KI gibt es aktuell nicht.[13] Eine Beschreibung kann aber wie folgt lauten: "Die Künstliche Intelligenz (KI) ist ein Teilgebiet der angewandten Informatik, das sich mit der Automatisierung von intelligentem Verhalten befasst."[14]

---

[9] Vgl. *Mainzer, K.*, Künstliche Intelligenz - Wann übernehmen die Maschinen?, 2016, S. 9 f.
[10] Vgl. *Buxmann, P./Schmidt, H.*, Künstliche Intelligenz, 2019, S. 6 f.
[11] Vgl. *Disselkamp, M./Heinemann, S.*, Digital-Transformation-Management, 2018, S. 29
[12] Vgl. *Reddig, P.*, Der Einsatz in der Wirtschaft, 2018, S. 63
[13] Vgl. *Bünte, C.*, Künstliche Intelligenz - die Zukunft des Marketing, 2018, S. 5
[14] *Dörn, S.*, Programmieren für Ingenieure und Naturwissenschaftler, 2018, S. 13

## 3.2 Machine Learning (ML)

Gekennzeichnet ist das maschinelle Lernen dadurch, dass Computer in der Lage sind, Aufgaben zu lösen und Vorhersagen zu treffen, ohne explizit für diese Problemstellung programmiert zu sein. Eine in der Fachliteratur oft zitierte Definition von ML stammt von Tom Mitchell aus dem Jahr 1997. In das Deutsche übersetzt lautet diese Definition: "Maschinelles Lernen ist das Studium von Algorithmen, die in Bezug auf irgendeine Aufgabe t ihre Leistung p auf der Basis einer Erfahrung e verbessern." Das t, p und e stellen jeweils die Abkürzungen aus den im Englischen verwendeten Worte Task, Performance und Experience. Es existieren unzählige unterschiedliche Algorithmen, die dazu eingesetzt werden. Genaue Zahlen gibt es nicht.[15] Anhand deren Funktionsweise lassen sie sich in drei Kategorien ordnen. Unterschieden wird zwischen den sogenannten überwachten (eng.: supervised), unüberwachten (eng.: unsupervised) und verstärkenden (eng.: reinforcement learning) Lernverfahren. Supervised-Learning-Algorithmen funktionieren ähnlich wie die menschliche Vorgehensweise zur Erlangung einer Fähigkeit. Anhand zuvor konkreten Trainingsdatensätzen wird der Computer auf eine Aufgabe hin trainiert, um anschließend selbstständig ähnliche Probleme zu lösen. Trainiert wird ein Algorithmus beispielsweise durch die Bereitstellung tausender Katzen- und Hundebilder, welche jeweils mit der Information, ob es sich um eine Katze oder ein Hund auf dem Bild handelt, gekennzeichnet sind. Daraus ergibt sich für den Rechner ein Muster, an dem er sich zur selbstständigen Lösung der Aufgabe orientiert. Mit Bildern, die nicht im Trainingsmaterial vorhanden waren, wird das Computermodell anschließend daraufhin überwacht, ob eine ausreichende Fähigkeit zur korrekten Kategorisierung erreicht wurde. Unsupervised-Learning-Algorithmen hingegen sind darauf ausgelegt, in einer Menge von Daten eigenständig Muster zu identifizieren. Mit diesem Verfahren werden gleiche bzw. ähnliche Informationen gruppiert. Daraus lassen sich aus den Tierbildern zunächst nicht explizit die jeweiligen Tierarten unterscheiden. Es lassen sich jedoch Klassen anhand der Merkmale wie etwa der Farbe bilden. Schwarze, braune oder weiße Tiere sind somit klassifizierbar. Reinforcement Learning Methoden werden zur Errechnung optimaler Strategien für konkrete Problemstellungen angewendet. Das System generiert Lösungsvorschläge für die eine gestellte Aufgabe. Diese werden in Form von korrekt bzw. falsch bewertet und gehen als Erkenntnisgewinn ein. Daraufhin und unter Berücksichtigung der

---

[15] Vgl. *Engemann, C./Sudmann, A.*, Machine Learning - Medien, Infrastrukturen und Technologien der Künstlichen Intelligenz, 2018, S. 10 f.

zuvor errechneten Lösungswege werden weitere mögliche Vorgehensweisen erzeugt. Der Vorgang wiederholt sich solange, bis eine optimale Lösungsstrategie erreicht ist.[16] Mit ML-Methoden lassen sich große Datenmengen aus unterschiedlichsten Quellen verarbeiten.[17]

## 3.3 Big Data

Damit Computer lernen, sind große Mengen an Daten notwendig, aus denen Informationen und Erkenntnisse hervorgehen. Umso mehr Rohdaten zur Verfügung stehen desto mehr Wissen generiert das System, auf das es wiederum zur Lösungsoptimierung zurückgreifen kann.[18] Digitale Daten stellen einen wichtigen Rohstoff für die KI-Technologien dar. Informationsdaten in unterschiedlichster Art und Weise wie numerische Werte, Texte, Bilddaten und Videodateien werden weltweit fortlaufend erzeugt. Die Menge an die zu speichernden digitalen Informationen wächst exponentiell und verdoppelt sich etwa alle 20 Monate.[19] Big Data steht in der Informationstechnologie für Methoden, mit denen derart große Datenmengen gespeichert und verarbeitet werden. Ein wichtiger Aspekt dabei ist Muster oder Trends aus heterogenen Datenströme in Echtzeit zu analysieren, um aktuelle Informationen unmittelbar in die Prozesssteuerung einzubinden.[20] Aus diesen Anforderungen ergeben sich drei Charakteristiken zu Big Data, Volume, Variety und Velocity. Volume steht für die Datenmengen, die gespeichert und verwaltet werden müssen. Variety repräsentiert die Diversität des Datenmaterials, das in unterschiedlichen Datenformaten als auch über verschiedene Quellen zur Verfügung steht. Velocity beschreibt den Anspruch in Bezug auf die Verarbeitungsgeschwindigkeit. Daten sollten möglichst in Echtzeit ausgewertet und weitergeleitet werden.[21] Entscheidend für die Leistungsfähigkeit der Algorithmen ist die Verfügbarkeit von sowohl quantitativer als auch qualitativer Informationen.[22] In Bezug auf das ubiquitäre Computing und der sich daraus zunehmenden Anzahl an permanent mit dem Internet verbundenen intelligenten Endgeräte entstehen Daten in einer neuen Qualität.[23]

---

[16] Vgl. *Buxmann, P./Schmidt, H.*, Künstliche Intelligenz, 2019, S. 9–11
[17] Vgl. *Vogel-Heuser, B./Bauernhansl, T./Hompel, M.* ten, Handbuch Industrie 4.0, 2017, S. 24
[18] Vgl. *Linnhoff-Popien, C.*, Digitalisierung in Zahlen, 2018, S. 45
[19] Vgl. *Dörn, S.*, Programmieren für Ingenieure und Naturwissenschaftler, 2018, S. 2
[20] Vgl. *Kolany-Raiser, B.* u. a., Big Data und Gesellschaft, 2018, S. 6
[21] Vgl. *Kolany-Raiser, B.* u. a., Big Data und Gesellschaft, 2018, S. 72 f.
[22] Vgl. *Shakirov, D./Blank, K.*, ML im Zeitalter der Industrie 4.0, 2018, S. 60
[23] Vgl. *Kolany-Raiser, B.* u. a., Big Data und Gesellschaft, 2018, S. 84 f.

# 4 Auswirkungen neuer Endgeräte auf den Alltag

## 4.1 Neue Endgeräte

"Als Endgerät bezeichnet man Internetfähige Computer-Hardware in einem TCP/IP-Netzwerk. Der Begriff kann sich auf Desktop-Computer, Laptops, Smartphones, Tablets, Thin Clients, Drucker oder […] intelligente Stromzähler beziehen." [24] Die Anzahl an Endgeräten steigt stetig. Laut einer Studie aus dem Jahre 2017 der Firma Cisco werden es im Jahr 2018 weltweit zwanzig Milliarden vernetzte Endgeräte sein.[25] Bis 2020 sollen es etwa 50 Milliarden Objekte sein, die in der Lage sind, miteinander Informationen auszutauschen. Dieses riesige Netzwerk, in dem alle erdenklichen Gegenstände miteinander kommunizieren, wird als Internet der Dinge (eng.: Internet of Things – IoT) bezeichnet.[26] „Das Internet der Dinge baut das heutige Internet zu einem allgegenwärtigen, selbstorganisierenden Netzwerk verbundener, identifizierbarer und ansprechbarer physischer Objekte aus […] unter Verwendung eingebauter Chips, Sensoren, Ansteuerungen und Low-Cost-Miniaturisierung."[27] In den letzten Jahren hat sich die Qualität und Verfügbarkeit ubiquitärer Technologien signifikant erhöht.[28] Wodurch sich die Inanspruchnahme solcher Geräte weiter steigert. Smartphones werden heute kaum noch aus der Hand gelegt.[29] Erkennbar dies insbesondere durch die zunehmende Nachfrage an kleinen Computern, die am Körper getragen werden, sogenannte Wearable Computer. Waren es im Jahr 2016 lediglich 12%, sind heute bereits über 25% der Amerikaner im Besitz solcher Geräte.[30] In Form von einer Armbanduhr oder einer Brille gewähren diese dem Träger eine permanente Schnittstelle zur digitalen Welt.[31] Zunehmend werden auch Maschinen, Fahrzeuge, Heizungen, Rollläden, Haushaltsgeräte, Lichtschalter, Lampen, Stereoanlagen, Fernseher, Wecker mit IoT-Schnittstellen ausgestattet und stellen damit jeweils ein Endgerät dar.[32] Die Industrie ist aktuell bestrebt ‚möglichst jedes Gerät IoT-fähig zu gestalten. Bei der Firma Bosch GmbH ist dies das erklärtes Ziel für die gesamte Produktpalette.[33]

---

[24] *Rouse, M.*, Was ist Endgerät? - Definition von WhatIs.com
[25] Vgl. *Kruse Brandão, T./Wolfram, G.*, Digital Connection, 2018, S. 6
[26] Vgl. *Bär, C./Grädler, T./Mayr, R.*, Digitalisierung im Spannungsfeld von Politik, Wirtschaft, Wissenschaft und Recht, 1. Band, 2018, S. 180
[27] *Kruse Brandão, T./Wolfram, G.*, Digital Connection, 2018, S. 31
[28] Vgl. *Kühlmeyer, T.* u. a., Die Mensch-Maschinen-Schnittstelle, 2018, S. 49
[29] Vgl. *Kruse Brandão, T./Wolfram, G.*, Digital Connection, 2018, S. 23
[30] Vgl. *Kruse Brandão, T./Wolfram, G.*, Digital Connection, 2018, S. 7
[31] Vgl. *Kruse Brandão, T./Wolfram, G.*, Digital Connection, 2018, S. 118
[32] Vgl. *Dörn, S.*, Programmieren für Ingenieure und Naturwissenschaftler, 2018, S. 13
[33] Vgl. *Shakirov, D./Blank, K.*, ML im Zeitalter der Industrie 4.0, 2018, S. 60

## 4.2 Nutzung im Alltag

Diverse Endgeräte kommen heute bereits in vielen Lebens- und Freizeitsituationen zum Einsatz. Um mit Freunden sowie der Familie zu kommunizieren als auch zur Unterhaltung mit Musik- und Video Streamings, werden vernetze Geräte selbstverständlich genutzt. Alltägliche Aufgaben, Bankgeschäfte, Einkäufe sowie das Lernen werden mithilfe mit dem Internet verbundenen Computer erledigt.[34] In den privaten Wohnungen werden zunehmend neue intelligente Utensilien eingeführt, die dem Nutzer in Bezug auf Komfort, Sicherheit sowie Energiekosteneinsparungen hilfreich sind.[35] Für den Wohnraum konzipierte sprachgesteuerte Assistenten etablieren sich zusätzlich zum bereits vorhandenen Smart Phone als eigenständige Geräte und ermöglichen unter anderem die Steuerung von vorhandenen smarten Haushaltsgeräten durch einfache Sprachbefehle.[36] NFC-Chips werden in neueren Modellen von Mobiltelefonen, Tablets, Laptops oder Wearables standardmäßig verbaut. Near Field Communication (NFC) ermöglicht es, zwischen Geräten auf kurze Entfernungen Daten auszutauschen. Anwender können durch einfaches Hinhalten des persönlichen NFC fähigen Gegenstandes an einen Transponder Informationen übertragen.[37] Auf diese Weise werden Endgeräte zusätzlich zu virtuellen Schlüsseln. Genutzt werden kann diese Technik beispielsweise um Türen in Hotels, im Büro oder der eigenen Wohnung zu öffnen, soweit smarte Türschlösser angebracht sind. In den aktuellen EC- und Kreditkarten kommen NFC Chips zur kontaktlosen Zahlung zum Einsatz. Das Smartphone oder die Smartwatch nutzt diese Technologie ebenfalls und wird damit gleichzeitig zum Zahlungsmittel in lokalen Geschäften.[38] Neuere Endgeräte bieten nicht nur durch die direkte Verwendung einen alltäglichen Nutzen. Mehrwerte entsteht durch den permanenten Datenaustausch und Kommunikation der Objekte mit KI basierten Diensten.[39] Aus der Kombination des aktuellen Aufenthaltsortes und Vitalfunktionen, wie der Herzfrequenz eines Smartwatchträgers, mit Wetter- und Pollenflug- Daten aus dem Internet, lassen sich Allergiker oder Personen mit akuten Erkrankungen automatisch auf aktuelle oder bevorstehende Gefahren hinweisen. Bei der Erkennung einer Notfallsituation kann das Gerät einen Notruf sogar selbstständig absetzen.[40]

---

[34] Vgl. *Kruse Brandão, T./Wolfram, G.*, Digital Connection, 2018, S. 49 f.
[35] Vgl. *Kruse Brandão, T./Wolfram, G.*, Digital Connection, 2018, S. 44 f.
[36] Vgl. *Kruse Brandão, T./Wolfram, G.*, Digital Connection, 2018, S. 259 f.
[37] Vgl. *Kruse Brandão, T./Wolfram, G.*, Digital Connection, 2018, S. 205
[38] Vgl. *Kruse Brandão, T./Wolfram, G.*, Digital Connection, 2018, S. 212 f.
[39] Vgl. *Bruhn, M./Hadwich, K.*, Service Business Development, 2018, S. 502
[40] Vgl. *Matusiewicz, D./Kaiser, L.*, Digitales betriebliches Gesundheitsmanagement, 2018, S. 148 f.

## 4.3 Auswirkungen

Durch die heutigen digitalen Technologien und insbesondere mit der Verbreitung von IoT-Geräten findet eine zunehmende Hybridisierung von Menschen und Computern statt. Der Mensch steht in einer kontinuierlichen Interaktion mit einer Menge an steuerbaren Objekten und Geräten, die um ihn herum sind. Diese neue technologisch geprägte Umgebung wirkt sich auf ganz alltägliche Abläufe aus.[41] Sprachassistenten wie Alexa, Siri und Google Assistant beantworten auf Anhieb gängige Fragen etwa der Wettervorhersage für den aktuellen Tag. Das Bestellen einer Pizza oder das Ein- und Ausschalten der Beleuchtung sind beispielhaft einfache Aufgaben, die per Sprachbefehle an den Computer delegiert werden.[42] Aus dem Blickwinkel der Komfort-, Sicherheitserhöhung und möglicher Einsparungspotentiale betrachtet, wirken sich solche neue smarte Endgeräte positiv auf den Alltag aus. Es ergeben sich jedoch auch negative Auswirkungen aus der täglichen Nutzung. Vor allem in Bezug auf die informationelle Selbstbestimmung und das Recht auf Privatsphäre. Daten, die während der Nutzung entstehen sowie aus der verbauten Sensorik erzeugt, werden häufig nicht nur lokal auf den Geräten verarbeitet, sondern werden über das Internet an die Server der Hersteller gesendet und bleiben dort gespeichert.[43] Inzwischen stellt die permanente Internetkonnektivität das Nervensystem der menschlichen Zivilisation dar.[44] Durch die zunehmende Nutzung von Gegenständen, die eine Internetverbindung erfordern, resultiert eine gewisse Abhängigkeit. Darüber hinaus führen die intelligenten Helfer zum Verlust menschlicher Fähigkeiten. Telefonnummern werden im Adressbuch des Smartphones gespeichert und bei Bedarf abgefragt. An Geburtstage von gespeicherten Personen erinnern die digitalen Assistenten selbstständig. Auf die Merkfähigkeit des Gehirns wirken sich die Funktionalitäten negativ aus, da das auswendig lernen von Informationen überflüssig erscheint. Automatische Vervollständigungsfunktionen, die während des Tippens bereits das beabsichtigte Wort vorschlagen, senken die bewusste Wahrnehmung und das Bewusstsein für die korrekte Schreibweise. Gleiches gilt für den Orientierungssinn, der durch die kontinuierliche Nutzung von Navigationsdiensten nicht mehr trainiert wird.[45]

---

[41] Vgl. *Kruse Brandão, T./Wolfram, G.*, Digital Connection, 2018, S. 26
[42] Vgl. *Kühlmeyer, T.* u. a., Die Mensch-Maschinen-Schnittstelle, 2018, S. 54
[43] Vgl. *Wolff, D./Göbel, R.*, Digitalisierung, 2018, S. 243
[44] Vgl. *Mainzer, K.*, Künstliche Intelligenz - Wann übernehmen die Maschinen?, 2016, S. 155
[45] Vgl. *Wolff, D./Göbel, R.*, Digitalisierung, 2018, S. 243 f.

# 5  Schlussbetrachtung

Schon jetzt verändert die Digitalisierung grundlegend unser Leben.[46] Die Potentiale, die von dieser Entwicklung ausgehen, sind enorm.[47] Dabei kommt es darauf an abzuwägen, wozu die Technik eingesetzt wird und welcher Nutzen damit verbunden ist.[48] Computer führen Aufgaben in Echtzeit durch und sind dabei effizienter als es ein Mensch sein könnte.[49] Ein Computer kann mit ML Methoden auf Basis von tausenden Röntgenbildern in Sekundenschnelle Auffälligkeiten ermitteln, die ein Arzt bei der bloßen Betrachtung einer Aufnahme nicht erkennen kann. Die Maschine kann ihn somit bei seiner Diagnose unterstützten. Wichtig ist jedoch, dass auch zukünftig die schlussendliche Bewertung und die Kommunikation mit dem Patienten weiterhin vom Arzt selbst durchgeführt wird.[50] Durch die Kombination aus Mensch und Maschine ergeben sich positive Mehrwerte für unseren Alltag.[51] Intelligente Haushaltsgeräte gehören zunehmend zu unserem Alltag.[52] Die Zeiten, in denen wir unsere Haushaltsgeräte lediglich ein- und ausgeschaltet gegebenenfalls noch die gewünschte Temperatur eingestellt haben, sind vorbei. Mit den verbauten Sensoren und deren Vernetzung bieten diese Alltagsgegenstände weit mehr Möglichkeiten und helfen uns durch Vorschläge bei der Wahl der effizientesten Einstellung.[53] Dabei muss nicht jeder alle Details verstehen wie genau es funktioniert, jedoch den Umgang mit den Endprodukten beherrschen.[54] Die Handhabung der Informationstechnik wird immer einfacher und daher für mehr und mehr Menschen zugänglich. Im Vordergrund des ubiquitären Computings steht die Bereitstellung von Informationen, mit denen alltägliche Aufgaben bewältigt werden können.[55] Es ist ebenso wichtig, die richtige Wahl zu treffen, welche Technologie zu welcher Anwendung sinnvoll ist. Denn durch die fortwährende alltägliche Nutzung von untereinander vernetzten Dingen hat jeder Ausfall, auch von einzelnen Komponenten, Auswirkungen auf unseren ganz persönlichen Alltag.[56]

---

[46] Vgl. *Kruse Brandão, T./Wolfram, G.*, Digital Connection, 2018, S. 13
[47] Vgl. *Shakirov, D./Blank, K.*, ML im Zeitalter der Industrie 4.0, 2018, S. 59
[48] Vgl. *Shakirov, D./Blank, K.*, ML im Zeitalter der Industrie 4.0, 2018, S. 60
[49] Vgl. *Kühlmeyer, T.* u. a., Die Mensch-Maschinen-Schnittstelle, 2018, S. 50
[50] Vgl. *Kühlmeyer, T.* u. a., Die Mensch-Maschinen-Schnittstelle, 2018, S. 48
[51] Vgl. *Bär, C./Grädler, T./Mayr, R.*, Digitalisierung im Spannungsfeld von Politik, Wirtschaft, Wissenschaft und Recht, 1. Band, 2018, S. 253
[52] Vgl. *Klauß, A.*, Während des Einkaufs einen Blick in den heimischen Kühlschrank werfen: Liebherr präsentiert intelligente Kühlgeräte auf Basis von Microsoft Azure und Windows 10 IoT, 2016
[53] Vgl. *Shakirov, D./Blank, K.*, ML im Zeitalter der Industrie 4.0, 2018, S. 59
[54] Vgl. *Kühlmeyer, T.* u. a., Die Mensch-Maschinen-Schnittstelle, 2018, S. 49
[55] Vgl. *Krcmar, H.*, Informationsmanagement, 2015, S. 697
[56] Vgl. *Kruse Brandão, T./Wolfram, G.*, Digital Connection, 2018, S. 9

# 6 Literaturverzeichnis

*Arnold, Christian* (Ubiquitärer E-Service für Konsumenten, 2015): Ubiquitärer E-Service für Konsumenten: Die Perspektive der Theorie Psychologischer Reaktanz, Print zugl.: Leipzig, HHL - Graduate School of Management, Diss., 2014, Wiesbaden: Springer Gabler, 2015

*Bär, Christian/Grädler, Thomas/Mayr, Robert* (Hrsg.) (Digitalisierung im Spannungsfeld von Politik, Wirtschaft, Wissenschaft und Recht, 1. Band, 2018): Digitalisierung im Spannungsfeld von Politik, Wirtschaft, Wissenschaft und Recht, 1. Band: Politik und Wirtschaft, Berlin: Springer Gabler, 2018

*Barton, Thomas/Müller, Christian/Seel, Christian* (Mobile Anwendungen in Unternehmen, 2016): Mobile Anwendungen in Unternehmen: Konzepte und Betriebliche Einsatzszenarien, Wiesbaden: Vieweg, 2016

*Bruhn, Manfred/Hadwich, Karsten* (Hrsg.) (Service Business Development, 2018): Service Business Development: Strategien - Innovationen - Geschäftsmodelle : Band 1, Wiesbaden, Germany: Springer Gabler, 2018

*Bünte, Claudia* (Künstliche Intelligenz - die Zukunft des Marketing, 2018): Künstliche Intelligenz - die Zukunft des Marketing: Ein praktischer Leitfaden für Marketing-Manager, Wiesbaden: Springer Fachmedien Wiesbaden, 2018

*Buxmann, Peter/Schmidt, Holger* (Hrsg.) (Künstliche Intelligenz, 2019): Künstliche Intelligenz: Mit Algorithmen zum wirtschaftlichen Erfolg, Berlin: Springer Gabler, 2019

*Disselkamp, Marcus/Heinemann, Swen* (Digital-Transformation-Management, 2018): Digital-Transformation-Management: Den digitalen Wandel erfolgreich umsetzen, Stuttgart: Schäffer-Poeschel Verlag für Wirtschaft Steuern Recht GmbH, 2018

*Dörn, Sebastian* (Programmieren für Ingenieure und Naturwissenschaftler, 2018): Programmieren für Ingenieure und Naturwissenschaftler: Intelligente Algorithmen und digitale Technologien, 2018

*Engemann, Christoph/Sudmann, Andreas* (Machine Learning - Medien, Infrastrukturen und Technologien der Künstlichen Intelligenz, 2018): Machine Learning - Medien, Infrastrukturen und Technologien der Künstlichen Intelligenz, v.14, Bielefeld: Transcipt Verlag, 2018

*Klauß, Anika* (Während des Einkaufs einen Blick in den heimischen Kühlschrank werfen: Liebherr präsentiert intelligente Kühlgeräte auf Basis von Microsoft Azure und Windows 10 IoT, 2016) (Zugriff: 2018-11-04)

*Kolany-Raiser, Barbara* u. a. (Hrsg.) (Big Data und Gesellschaft, 2018): Big Data und Gesellschaft: Eine multidisziplinäre Annäherung, Wiesbaden: Springer VS, 2018

*Krcmar, Helmut* (Informationsmanagement, 2015): Informationsmanagement, 6., überarb. Aufl., Wiesbaden: Springer Gabler, 2015

*Kruse Brandão, Tanja/Wolfram, Gerd* (Digital Connection, 2018): Digital Connection: Die bessere Customer Journey mit smarten Technologien – Strategie und Praxisbeispiele, 2018

*Kühlmeyer, Thorsten* u. a. (Die Mensch-Maschinen-Schnittstelle, 2018): Die Mensch-Maschinen-Schnittstelle, in: Digitale Welt 2 (2018), Heft 4, S. 48–54, https://doi.org/10.1007/s42354-018-0126-y

*Linnhoff-Popien, Claudia* (Digitalisierung in Zahlen, 2018): Digitalisierung in Zahlen, in: Digitale Welt 2 (2018), Heft 4, S. 45–48, https://doi.org/10.1007/s42354-018-0115-1

*Mainzer, Klaus* (Künstliche Intelligenz - Wann übernehmen die Maschinen?, 2016): Künstliche Intelligenz - Wann übernehmen die Maschinen?, Berlin/Heidelberg: Springer, 2016

*Matusiewicz, David/Kaiser, Linda* (Hrsg.) (Digitales betriebliches Gesundheitsmanagement, 2018): Digitales betriebliches Gesundheitsmanagement: Theorie und Praxis, Wiesbaden: Springer Gabler, 2018

*Reddig, Pascal* (Der Einsatz in der Wirtschaft, 2018): Der Einsatz in der Wirtschaft, in: Digitale Welt 2 (2018), Heft 4, S. 63–64, https://doi.org/10.1007/s42354-018-0129-8

*Rouse, Margaret* (Was ist Endgerät? - Definition von WhatIs.com): Was ist Endgerät? - Definition von WhatIs.com, https://www.searchsecurity.de/definition/Endgeraet (Zugriff: 2018-11-03)

*Shakirov, Damir/Blank, Karlheinz* (ML im Zeitalter der Industrie 4.0, 2018): ML im Zeitalter der Industrie 4.0, in: Digitale Welt 2 (2018), Heft 4, S. 59–63, https://doi.org/10.1007/s42354-018-0128-9

*Vogel-Heuser, Birgit/Bauernhansl, Thomas/Hompel, Michael* ten (Hrsg.) (Handbuch Industrie 4.0, 2017): Handbuch Industrie 4.0: Bd. 2 : Automatisierung, 2., erweiterte und bearbeitete Auflage, Berlin: Springer Vieweg, 2017

*Wolff, Dietmar/Göbel, Richard* (Hrsg.) (Digitalisierung, 2018): Digitalisierung: Segen oder Fluch, Berlin, Heidelberg: Springer Berlin Heidelberg, 2018